Vakantiegeld

Suzanne Vermeer

Vakantiegeld

Suzanne Vermeer: Vakantiegeld

Naarden: B for Books b.v.
isbn: 9789085161455

Ontwerp: Studio Jan de Boer, Amsterdam
Druk: Giethoorn ten Brink, Meppel
Redactie: Margot Engelen
Auteursfoto: Nadine van den Berg

Copyright © 2009 Suzanne Vermeer /
Uitgeverij B for Books b.v.
Rubberstraat 7d, 1411 al Naarden
www.b4books.nl
www.schrijversportaal.nl

Niets uit deze uitgave mag worden verveelvoudigd en/of openbaar gemaakt, door middel van druk, fotokopie, microfilm of op welke andere wijze ook, zonder voorafgaande toestemming van de uitgever.

De Literaire Juweeltjes Reeks

'Ontlezing' – het onheilspellende o-woord waar heel boekenminnend Nederland overstuur van raakt. Om mensen en vooral jonge mensen op een prettige manier duidelijk te maken dat het lezen van literatuur heel aangenaam kan zijn en tegelijkertijd onze kijk op de wereld een beetje kan veranderen is een nieuwe reeks opgezet, de Literaire Juweeltjes Reeks.

Elke maand verschijnt een nieuw Literair Juweeltje, een goed toegankelijke tekst van een bekende schrijver in een mooi vormgegeven boekje dat slechts 1 euro kost. Achterin elk deeltje staan telkens kortingsbonnen waarmee voor minder geld meer werk van de schrijvers kan worden gekocht in de boekhandel.

Zo proberen we van niet-lezers lezers te maken, en van weinig-lezers hopelijk graag-lezers. Dat kan lukken dankzij de welwillende medewerking van de schrijvers, hun uitgevers, fotografen, de drukker, vormgever, en Bruna BV.

Zelden was mooi lezen zo goedkoop. Laat je niet ontlezen. Of, zoals men 50 jaar geleden adverteerde: 'Wacht niet tot gij een been gebroken hebt, om een reden tot lezen te hebben.'

Uitgeverij B for Books, Naarden

Kortingsbon t.w.v.
€ 2,50

Koop nu nóg een boek van Suzanne Vermeer
met deze kortingsbon!!

Suzanne Vermeer

Zomertijd

A.W. Bruna Uitgevers

Van € 19,95 voor € 17,45

Geldig van 1 februari 2009 tot 1 mei 2009

ISBN: 9789022994153
Actienummer: 901-58322
Deze kortingsbon kan worden ingewisseld bij
elke boekhandel in Nederland.

bruna

Vakantiegeld

I

'Buenos dias... Deutsch, English?'

Het oudere echtpaar keek de vriendelijk glimlachende jongeman die de vraag had gesteld aan. Ze probeerden in te schatten of ze hem konden vertrouwen. Blijkbaar doorstond hij de test. De oudere man antwoordde na een lichte aarzeling: 'Wij zijn Nederlanders.'

De jongeman leek de glimlach op zijn gezicht geplakt te hebben. Met zijn wijsvinger tikte hij tegen het witte naamplaatje waarop 'Danny Oudekerk' stond geschreven. Hij had een donkerblauw T-shirt aan met een sierlijke gouden opdruk: Golden Oasis. Daaronder droeg hij een smetteloze witte korte broek en witte sokken in witte gympen.

'Altijd leuk om landgenoten te ontmoeten,' sprak Danny vrolijk.. 'In dit gedeelte van Mallorca kom je hoofdzakelijk Duitsers en Engelsen tegen.' Hij knikte samenzweerderig met zijn hoofd naar de jachten die op loopafstand in de haven van hoofdstad Palma de Mallorca lagen. Het waren enorme boten, tot wel zestig meter lang.

'Je kunt wel zien wie het grote geld verdienen,' zei Danny. 'Duitsers, Engelsen, Spanjaarden en Arabieren. Ik heb de afgelopen week in de haven nog niemand een woord Nederlands horen spreken.'

Hij haalde zijn schouders op. De jongensachtige grijns op zijn gezicht was weer terug. 'Ach, wat maakt het ook uit. Het weer is hier geweldig en het leven relaxed.'

Voordat het echtpaar de kans kreeg zijn monoloog te doorbreken, trok Danny met een nonchalant gebaar een kaartje uit een stapeltje. Hij gaf het aan de man.

'Mag ik vragen hoe u heet, meneer?' vroeg hij beleefd.

De man glimlachte Danny toe. 'Dat mag je en ik zal er ook antwoord op geven. Ik ben Robert van Loon, en dit is mijn vrouw Karin.'

Danny knikte. 'Ik werk voor Golden Oasis, meneer Van Loon. Het bedrijf bestaat deze week vijf jaar, vandaar deze actie.' Hij wees op het kaartje. 'Hebt u toevallig een muntstukje op zak?'

Robert van Loon haalde een euro uit zijn zak en keek de jongeman vragend aan.

'Vanwege het lustrum heeft Golden Oasis krasloten uitgegeven,' zei Danny. 'Als u drie dezelfde symbolen krast, wint u een prijs.'

Terwijl Van Loon driftig kraste, ging Danny verder. 'Het is een eenmalige actie waaraan ik graag wilde meewerken. Tenslotte is er niets zo leuk als mensen blij maken. Het lijkt mij fantastisch om het blije gezicht te zien van iemand die een grote prijs wint.' Hij liet een korte stilte vallen. 'Helaas moet ik de eerste prijswinnaar nog tegenkomen. Misschien bent u het wel!'

Robert van Loon liet hem het kaartje zien met de vakjes die hij had weggekrast. 'Een strandbal en twee boten, is dat wat?'

Danny zuchtte. 'Sorry, meneer. U moet drie dezelfde symbolen hebben. Bijvoorbeeld drie vliegtuigen, dan win je een reis naar Florida. Of drie auto's, die staan gelijk aan een gratis huurauto voor een week. De grote hoofdprijs is echter drie palmen... Bij drie palmen ontvang je vijfduizend euro cash.'

Hij keek nogmaals naar het kraslot van Robert van Loon en glimlachte verontschuldigend.

Toen sloeg hij zijn hand tegen zijn voorhoofd. 'Ach, stom. Dat was ik vergeten.' Meteen overhandigde hij Karin van Loon een kraslot. Dit kaartje kwam niet van de bovenkant van de stapel, maar van de onderkant. Hij had de beweging zo snel gemaakt, dat niemand dat opviel.

'Excuses, mevrouw Van Loon. Dat was bijzonder onattent van mij. Natuurlijk mag u het ook proberen.'

Karin kraste meteen op haar kaartje.

Danny zwaaide even naar een vrouwelijke collega die zijn kant op liep. Ook zij droeg een korte, witte broek en een donkerblauw T-shirt. Hij draaide zich weg van het Nederlandse echtpaar om een nog betere blik op de knappe jonge vrouw te kunnen werpen. Robert van Loon grijnsde op een vaderlijke manier. Ooit was hij net zo oud geweest als Danny nu was. In die tijd had hij ook graag naar mooie meiden gekeken.

'Wat... eh... wat zei je daarnet over die hoofdprijs?' vroeg Karin van Loon opgewonden.

'Er zijn meerdere prijzen,' antwoordde Danny afwezig. Zijn blik was zogenaamd gericht op een paar prachtige vrouwenbenen die nu zijn kant opkwamen. 'De jackpot is drie palmen, mevrouw. Oftewel vijfduizend euro cash in de tas.'

Karin strekte haar hand en liet hem haar kraslot zien. Ze kneep met haar andere hand in de arm van haar man. Danny deed net alsof hij zeer verbaasd was.

'Maar...' stamelde hij.

'Drie palmen,' zei Karin met een brede glimlach. Haar man omhelsde haar. 'Da's nou typisch mijn meisje,' grijnsde hij. 'Sterk uit de hoek komen als niemand het verwacht.'

Danny zwaaide opgewonden met beide handen naar zijn collega. De knappe jonge vrouw met de lange benen versnelde haar pas.

'Sanne, kom snel hierheen. Dit geloof je niet!'

Tien snelle stappen later stond ze naast hem.

'We hebben een winnaar,' juichte Danny. Hij stak zijn armen triomfantelijk in de lucht. Hij omhelsde spontaan de familie Van Loon.

Sanne bekeek het kraslot.

'Ongelofelijk. Gefeliciteerd!' Ze straalde net zo als Karin.

'Oké,' zei ze opeens zakelijk. 'Nu moeten ze hun prijs ophalen.'

Danny knikte.

Sanne liep naar de rand van de boulevard en stak haar hand op. Even later stopte er een taxi.

'Kom,' zei Danny tegen het echtpaar Van Loon. Op een drafje liepen ze naar de taxi.

'De chauffeur weet de weg,' zei Sanne. Ze had de chauffeur al duidelijk gemaakt dat deze rit op rekening kwam van Golden Oasis. De familie Van Loon stapte in.

Sanne en Danny zwaaiden spontaan naar hun

landgenoten terwijl de taxi wegreed. Toen de taxi door het verkeer was opgeslokt, verdween de glimlach van hun gezichten.

'Wat denk jij?' vroeg Sanne nu serieus.

'Het leken me mensen met geld,' antwoordde Danny. 'Hij droeg een nieuw shirt van Lacoste en schoenen van dat merk. Dat polshorloge was volgens mij van goud. En ik weet bijna zeker dat de robijnen in haar ring echt waren. Dat zie je aan de schittering van de stenen.' Daarna haalde hij zijn schouders op. 'We zien het wel op ons loonstrookje. Als er een flinke commissie is bijgeschreven hebben we goed gegokt.'

In zijn rechterooghoek zag hij een echtpaar over de boulevard slenteren. Meteen toverde hij de jongensachtige glimlach weer op zijn gezicht.

'Potentiële klanten,' zei hij tussen zijn tanden door. 'Ik zie je zo.'

Sanne knikte kort en liep de andere kant op. Met een beetje geluk konden ze straks weer hun toneelstukje opvoeren.

2

De familie Van Loon werd stijlvol ontvangen. Hun gastheer stond hen bij de ingang van het Golden Oasis resort op te wachten. Nadat hij zich als Ibrahim Bousaba had voorgesteld, gingen ze op een terras met zeezicht zitten. Daar schonken de vriendelijk knikkende obers rijkelijk champagne voor hen in. Ibrahim gebruikte al zijn charme om de sfeer zo aangenaam en ontspannen mogelijk te maken. Het kennismakingsgesprek verliep daardoor vlot.

Hij vertelde dat ze eerst een rondleiding door het complex zouden krijgen. Ze zouden het geweldig vinden, verzekerde hij Robert en Karin met zijn hand op zijn hart. Daarna zei hij snel tussen neus en lippen door dat ze later op de dag de gewonnen prijs zouden ontvangen. Hiermee wilde hij laten zien dat de rondleiding veel belangrijker was dan het geldbedrag.

In anderhalf uur wandelden ze langs de tennisbanen, het fitnesscentrum, het zwembad, de inpandige boetieks en de enorme tropische tuin. Ter afsluiting liet Ibrahim de luxe appartementen zien.

Daarna dronken ze koffie op een van de balkons. Ze hadden allemaal uitzicht op zee.

'Wat een prachtig resort,' zuchtte Karin toen ze weer terug op het centraal gelegen terras waren. 'Wij hebben al veel van de wereld gezien, maar een resort zoals dit... Alles is even luxe, het lijkt wel een sprookje.'

Ibrahim knikte. 'Zonder te overdrijven durf ik te stellen dat Golden Oasis tot de wereldtop behoort. De grote luxe en de adembenemende locatie maken elke vakantie hier tot een weldaad. Het geeft je het idee een tweede huis te hebben, maar je hebt niet de problemen en verantwoordelijkheden die met een echt tweede huis komen.'

Hij maakte een weids gebaar met zijn handen. 'Maar het is natuurlijk niet voor elke portemonnee bereikbaar. Daar moet ik gewoon heel eerlijk in zijn.'

'Het is zeker een indrukwekkend complex,' zei Robert van Loon. 'Ik probeer me voor te stellen hoe het is om hier te wonen.'

Ibrahim glimlachte innemend. 'Daarover kan ik u helaas niet uit eigen ervaring vertellen. Ik woon in een appartementje in de stad. Maar ik kan u wel vertellen hoe het is om in dit prachtige resort te werken en wat de reacties van andere klanten zijn.'

'Dus jij hebt een kantoorbaan in de buitenlucht,' grapte Karin.

'In zekere zin wel. Alleen hebben we variabele werktijden. Het komt ook regelmatig voor dat we in de weekenden moeten werken.'

'Lijkt me geen straf,' bromde Robert.

'Hoe ben jij hier eigenlijk terecht gekomen?' wilde Karin weten.

'Voor mijn studie was het verplicht om een half jaar stage te lopen. Ik koos voor Mallorca. Maar het klikte niet met het management van het hotel waar ik werd geplaatst. Omdat ik niet meteen terug naar Nederland wilde, besloot ik wat rond te kijken in de omgeving. Uiteindelijk belandde ik hier. Ik kreeg toestemming van de school om mijn stageperiode hier te doorlopen.'

'Wat leuk,' reageerde Karin spontaan.

'Dat was het zeker. Maar na dat halfjaar moest ik wel terug naar Nederland. Nadat ik mijn opleiding had voltooid, begon het te kriebelen en besloot ik weer naar Mallorca te gaan.'

Robert van Loon keek hem indringend aan. 'Wat mij zo opviel, en ik hoop dat je dit niet verkeerd opvat, is dat jij zo accentloos Nederlands spreekt. Je hebt een Marokkaanse achtergrond, maar als ik mijn ogen sluit is het bij wijze van spreken of ik mijn buurjongen hoor.'

Ibrahim lachte hardop. 'Mijn ouders zijn inderdaad Marokkaans maar ik ben in Nederland geboren en getogen.' Hij gaf Robert een dikke knipoog.

'Misschien ben ik wel het levende bewijs dat integratie werkt. Ik heb mijn school en daaropvolgende studie afgemaakt. Niet iedere Marokkaan is een relschopper.'

Karin keek verschrikt op. 'Maar zo bedoelde Robert het...'

Ibrahim maakte een sussend gebaar. 'Dat weet ik toch. Mensen zijn zo politiek correct tegenwoordig. Ik kan het dan niet laten daar een grapje om te maken.' Robert en Karin lachten een beetje ongemakkelijk.

Terwijl hij vertelde over zijn dagelijkse leven en zijn werk, opende Ibrahim de aktetas die hij op de terugweg naar het terras uit zijn kantoor had opgepikt. Naast de chique brochure legde hij een lijst neer. Hierop stonden in totaal tweeënvijftig hokjes met drie verschillende kleuren.

'De weken waarover je hebt gesproken,' reageerde Karin meteen. Enthousiast porde ze met haar elleboog tegen de arm van haar man. Robert van Loon knikte een beetje afwezig. Het was niet duidelijk of hij zich verveelde of onder de indruk was van het adembenemende uitzicht op zee.

Ibrahim knikte. 'Wij werken met drie seizoenen. Blauw staat voor het laagseizoen, oranje het middenseizoen en rood geeft het hoogseizoen aan.'

'Alle schoolvakanties en de kerstperiode,' vulde Karin aan.

'Kerst valt in de schoolvakantie, schat,' bromde Robert. Hij wees met zijn vinger naar het gekleurde schema.

'Wat ik dus net van je begrepen heb, Ibrahim, is dat dit *timesharing* heet. Je koopt vakantieweken in de periode die jou het beste uitkomt. Maar weet je hoe ik het zie? Je betaalt eenmalig een bedrag en bent dan voor de rest van je leven aan een periode en een appartementencomplex gebonden. Verplicht ieder jaar op dezelfde tijd naar hetzelfde appartement. Dat komt je na een paar jaar echt je strot uit.'

Ibrahim bleef vriendelijk glimlachen. Mensen rondleiden en in de watten leggen was nog makkelijk. Maar om ze daadwerkelijk te overtuigen werd een heel ander verhaal. Daarvoor waren andere kwaliteiten nodig. Hij had echter voldoende ervaring in het bespelen van mensen. Overredingskracht, vastbeslotenheid, geloofwaardigheid en charme waren zijn krachtigste wapens.

'Ik begrijp best wat je bedoelt, Robert,' zei hij begrijpend. Het tutoyeren, het 'jij' en 'jou' zeggen in plaats van 'u', was onderdeel van zijn tactiek.

'Er zijn echter een aantal belangrijke zaken die we niet door elkaar moeten halen. Dat schept namelijk een vertekend beeld van Golden Oasis en dat is het laatste wat ik zou willen. Het is namelijk mijn taak om jou en Karin zo eerlijk en zorgvuldig mogelijk te informeren over de pakketten die wij aanbieden. Wij hebben alle voorwaarden helder in de brochure staan en kunnen jullie natuurlijk nergens toe verplichten. Zoals ik jullie al eerder vertelde werken wij op een Spaanse vergunning. Daarom zijn wij strikt aan de wetten gebonden.'

Dit laatste was een leugen. Het klonk wel lekker en de meeste klanten waren gevoelig voor termen die 'officieel' waren. Het leek ook wel voor Karin en Robert te werken. Prima, dacht hij. Het begin van een overeenkomst is er.

'Even wat kou uit de lucht halen,' ging hij verder. 'Ik zal het punt voor punt aanhalen; te beginnen met de periode waarvoor je kiest.' Met de nagel van zijn rechterwijsvinger tikte hij op de gekleurde vakjes.

'De mensen die besluiten een appartement op

Golden Oasis aan te schaffen, kiezen de periode die hen het best uitkomt. Niemand wordt ergens toe gedwongen. Mocht het zo zijn dat die periode een keertje slecht uitkomt – bijvoorbeeld een trouwerij, geboorte, begrafenis of verhuizing – dan regelt onze administratie een andere periode. Er bestaat namelijk al een ruilsysteem tussen onze klanten. Het verschil in kosten, een rode week is bijvoorbeeld kostbaarder dan een blauwe, wordt onderling verrekend. Probleem opgelost.'

Karin straalde. 'Wat een geweldige service.'

'Dat is nog niet alles,' haakte Ibrahim meteen in. 'De eigenaar van Golden Oasis heeft eveneens belangen in vijf andere resorts. Deze staan in Florida, Mexico, Thailand, Tenerife en Frankrijk. Hiermee is een uitwisselingsproject opgezet. Met andere woorden: wil je eens wat anders dan Mallorca, dan kun je kiezen uit vijf andere bestemmingen. Het is dus absoluut niet zo dat je verplicht bent om je vakantie altijd op een en dezelfde locatie door te brengen.' Hij glimlachte er overtuigend bij.

'Magnifiek,' zei Karin. 'Als we een groot appartement in de vakantieperiode nemen, kunnen de kleintjes ook komen.' In haar uitgelatenheid stootte ze onhandig haar handtas om. Er viel wat uit. Robert maakte een nors hoofdgebaar naar de inhoud.

'Als je die enveloppe verliest, stelen ze m'n hotelkamer leeg,' gromde hij. 'En dan koop ik helemaal niets meer. Zelfs geen appartement in de gunstige blauwe periode.'

Ibrahims geoefende oog zag hoe Karin het kaartje met magnetische strip in een witte enveloppe stopte waarop in rode letters 'Residence Excelsior' stond. Het was hun toegangskaartje tot een kamer in het duurste hotel van Mallorca. Hij voelde hoe zijn kansen op een deal stegen.

'Heb ik jullie al verteld over de speciale kinderfaciliteiten van Golden Oasis?' vervolgde hij snel op honingzoete toon.

3

'Binnen,' zei Sarah Saunders. Haar blik bleef gericht op de verkooplijst die haar secretaresse een halfuur geleden had bezorgd. Als commercieel directeur van Golden Oasis waren deze cijfers voor haar van levensbelang. Haar basissalaris was niet zo hoog. Dat gold voor bijna alle werknemers van het resort. De bonussen die ze konden verdienen waren juist weer uitstekend. Bij voldoende verkoop streek ze een riant salaris op.

'We hebben de jackpot getrokken,' sprak Ibrahim met een brede grijns op zijn gezicht. Hiermee probeerde hij de onzekerheid te maskeren die altijd opspeelde als hij tegenover Sarah Saunders stond. Ze was knap, intelligent en arrogant op een sexy manier. Al wist hij dat hij nooit een kans bij haar zou maken.

'Twee Nederlanders willen drie weken in de rode periode kopen,' vervolgde hij.

Saunders maakte een snelle optelsom en keek hem opeens bijzonder geïnteresseerd aan.

'Maar?' vroeg ze even later. Door haar jarenlange werkervaring in verschillende resorts wist ze meteen dat er een probleem was. Hier bij Golden Oasis hadden haar mensen op de werkvloer de contracten altijd bij zich. Ze handelden deze zelf met de klanten af. Wanneer een deal succesvol was afgesloten meldden zij zich pas bij haar op kantoor. Ibrahim maakte echter een onzekere indruk. Het paste niet bij een werknemer die klanten had binnengehaald en daarmee een leuke bonus had opgestreken.

'Die man is van de oude stempel,' zei Ibrahim. 'Volgens het kraslot heeft hij vijfduizend euro cash gewonnen en dat wil hij dus letterlijk op tafel zien. Boter bij de vis en meer van dat soort uitspraken die ik je zal besparen.'

'Heb je hem er niet op gewezen dat die vijfduizend euro van de aankoopprijs wordt afgetrokken?'

'Natuurlijk, maar daar wilde hij absoluut niet aan. Een woord is voor hem een woord. Hij wil best tekenen, maar dan moet er naast het contract wel vijfduizend euro liggen.'

'Het rechtdoorzeetype, dus,' merkte Saunders op. Ze streek met het puntje van haar tong over haar bovenlip. De bonus die ze op zouden strijken was aanlokkelijk. Ze overdacht haar mogelijkheden om de man over de streep te trekken en nam een beslissing.

'Als hij zijn handtekening onder een contract van honderdvijfenzestigduizend euro wil zetten, ben ik best bereid om vijfduizend euro in cash te betalen.'

Ibrahim schraapte zijn keel. Ze keek haar medewerker nu streng aan.

'Er is nog een probleem, nietwaar?'

Ibrahim schudde traag met zijn hoofd.

'Ik wil het geen echt probleem noemen. Het is meer een vervelend detail waarvoor we een oplossing moeten zoeken.'

'Identificatie?' vroeg Saunders. Het kwam vaker voor dat gasten geen papieren bij zich droegen. Het merendeel werd tenslotte op straat aangesproken en meegetroond naar het resort.

'Wat weet je van ze?'

'Onze mensen hebben ze opgepikt op de boulevard van Palma op loopafstand van Residence Excelsior. In haar tas zat een enveloppe van datzelfde hotel met daarin de elektronische sleutel voor de kamer . Dat heb ik zelf gezien. Het kamernummer is 222. Dat vond mevrouw Van Loon namelijk zo'n makkelijk nummer om te onthouden, vertelde ze. En ik heb het nummer van zijn mobiele telefoon.'

'Oké,' zei Saunders bedachtzaam. 'Dat is aardig

wat.' Ze zocht in een klein opschrijfboekje naar een telefoonnummer. Toen ze het had gevonden, toetste haar slanke vingers snel het nummer in.

'Hallo Juan,' sprak ze uiterst vriendelijk. 'Hier ligt een briefje van vijftig euro voor me dat van eigenaar wil verwisselen.'

'Waarmee kan ik u van dienst zijn, mevrouw Saunders?' reageerde de receptionist van Residence Excelsior gretig.

'Zegt de naam Van Loon jou iets?

'Natuurlijk, dat zijn vaste klanten van ons. Een echtpaar uit Holland. Aardige mensen. Zij komen hier minstens drie keer per jaar.'

'Kamer 222?'

'Correct.'

'Heb jij ze vandaag nog gezien?'

Er viel heel even een stilte. Saunders kende Juan al jaren en wist dat de receptionist goed nadacht over het antwoord dat hij ging geven. Tenslotte ging het wel om vijftig euro, wat voor hem een aardig bedrag was. Hij realiseerde zich terdege dat zijn informatie wel nauwkeurig moest zijn, anders was het snel afgelopen met de samenwerking. Dan belde ze volgende keer gewoon een collega.

'Vanmorgen na het ontbijt hebben ze het hotel verlaten,' zei hij op zelfverzekerde toon. 'Daarna heb ik ze niet meer gezien.' Hij wachtte een paar tellen en voegde er aan toe:

'Hebben ze het naar hun zin in Golden Oasis?'

'Perfect,' antwoordde Saunders en bedankte hem voor de inlichtingen. Met de hoorn nog in de hand knikte ze naar het papiertje dat Ibrahim vast had. Hij begreep dat ze het nummer van de familie Van Loon wilde weten en las het voor. Nadat de telefoon drie maal was overgegaan zei een donkere mannenstem: 'Met Robert van Loon'.

'Goedemiddag meneer Van Loon. U spreekt met Sarah Saunders, commercieel directeur van Golden Oasis. Ik wil u en uw vrouw langs deze weg feliciteren met uw aankoop. Binnenkort hoop ik u beiden persoonlijk de hand te kunnen schudden.'

Ibrahim Bousaba voelde hoe prettige kriebels langs zijn ruggengraat liepen. Van zijn salaris kon hij maar net de huur van zijn appartementje betalen, voor uitgaan en andere leuke dingen bleef weinig tot niets over. Zijn vorige bonus dateerde van ruim een maand geleden en die was al op. Hij dacht aan de swingende disco's in Palma de Mallorca waar hij eindelijk weer eens naartoe kon. Flirten met de meiden en voor de verandering niet beknibbelen op elke uitgave. Ja, de investering van de familie Van Loon kwam voor hem als geroepen!

4

De taxi stopte voor Residence Excelsior. Ze stapten alledrie uit en liepen naar de lounge.

'Bestel jij maar wat te drinken, schat,' zei Robert van Loon. 'Ik ben zo terug.' Hij liep naar de lift, stapte in en drukte op de knop naast nummer 2.

Ze boog iets naar Ibrahim toe. 'Hij kan alleen een grote boodschap doen op zijn eigen wc,' fluisterde ze in zijn oor. Hierna lachte ze als een schuchter tienermeisje die een vieze mop aan haar vriendin had verteld.

'Dat hoor je wel meer,' antwoordde Ibrahim zo onverstoorbaar mogelijk. Hij liet zich in de zachte kussens van de bank zakken en streek onbewust met zijn linkerhand over zijn colbertje. In de binnenzak daarvan zat het door Van Loon ondertekende contract. De koppige Nederlander had zich aan zijn woord gehouden en direct getekend toen hij de vijfduizend euro ontving. Nu was het enkel een kwestie van de juiste paspoortgegevens invullen. En als Van Loon eerst uitgebreid wilde poepen, vond Ibrahim dat prima. De buit was toch al binnen. Hij dacht aan zijn eigen bonus en waaraan hij het geld zou gaan besteden.

Karin stond op. 'Wat wil jij drinken?'

'Een mineraalwater, alstublieft.'

Karin liep naar de bar en kwam even later met twee mineraalwater en een groot glas bier terug.

'Dat vindt hij vast lekker na zo'n spannende dag.'

Ibrahim wist niet goed wat hij hier nu weer op moest antwoorden, zijn geloof verbood alcohol en hij hield zich daar strikt aan, dus zei hij: 'Dat denk ik ook.'

Nadat ze een slok van haar mineraalwater had genomen, veerde Karin op. Ze wees naar een ouder echtpaar dat via de openslaande deuren van de lounge naar het terras wilde lopen.

'De familie Smit,' sprak ze enthousiast. 'Die mensen moet jij ontmoeten.' Ze stond op en gaf hem een knipoog. 'Een juweliersfamilie die er warmpjes bijzit.'

Ibrahim keek haar blij verrast aan. Twee vliegen in één klap, dacht hij. Waarom niet? Er waren van die dagen dat alles lukte. En misschien was het vandaag wel zo'n dag.

'Blijf maar zitten, ik haal ze wel,' zei Karin. Hierna liep ze meteen op een drafje naar het terras. Op zoek naar het echtpaar dat intussen uit het zicht was verdwenen. De oudjes waren links langs het gebouw naar de tuin afgeslagen. Eenmaal in de tuin passeerde Karin het echtpaar in hoog tempo, zonder een woord te zeggen. Even later bereikte ze een stalen hek dat alleen van binnenuit kon worden geopend. Ze verliet de tuin en wandelde naar de taxi die langs de weg stond geparkeerd. Ze opende het achterportier en stapte in. Haar man zat naast de bestuurder. Volgens het uitgekiende plan had hij de lift naar de tweede verdieping genomen. Daar had hij de brandtrap naar beneden genomen. Via de tuin had hij het terrein verlaten en een taxi aangehouden. Daarna was het wachten tot zij verscheen.

'Hoe ging het?' vroeg hij aan zijn vrouw, die eigenlijk Carla heette.

'Een makkie. Zijn ogen schitterden toen ik over die rijke juweliersfamilie begon.'

Bertil Doorakker, die zich voor had gedaan als Robert van Loon, grinnikte voldaan. Het was hen weer gelukt. Ze waren vijf dagen bezig geweest voordat ze het ideale paar hadden gevonden. In verschillende hotels hadden ze met talloze echtparen een gesprekje aangeknoopt. Uiteindelijk bleek al hun moeite niet voor niets. Robert en Karin van Loon waren vriendelijke, praatgrage mensen. Binnen twee uur hadden Bertil en Carla de juiste informatie. Ze wisten hoe ze zich moesten voordoen als Robert en Karin van Loon.

Vandaag moest het gebeuren. Robert en Karin waren door oude vrienden uitgenodigd om naar hun villa aan de noordkant van het eiland te komen. Carla had een envelop van Residence Excelsior meegenomen en Robert een prepaid telefoon. Die zou hij straks weggooien. In de envelop bewaarden ze het kaartje van hun eigen hotelkamer. Carla hoorde Karin nog zeggen hoe makkelijk het kamernummer 222 toch te onthouden was. Bertil maakte de chauffeur duidelijk dat hij kon stoppen. Hun appartement lag twee straten verderop. Het laatste stukje zouden ze lopen. Je voor de deur af laten zetten was een luxe die goede oplichters zich niet konden permitteren.

'Hoe zou het met Ibrahim zijn?' vroeg Bertil toen ze de staat over waren gestoken.

'Die is er nu wel achter dat er iets niet klopt,' antwoordde Carla droog.

Terwijl Carla hun laatste deal voor morgen voorbereidde, genoot Bertil van een biertje. Hij mocht zelden drinken omdat hij sinds vijf jaar hartpatiënt was. Gelukkig waren de doktoren er op tijd bij, anders had hij hier niet meer gezeten. Na zijn operatie moest hij wel medicijnen blijven slikken. Ook volgde hij een dieet en mocht hij zich niet te druk maken. Opwinding kon fataal zijn, had de specialist benadrukt. Hoewel hij verzekerd was, waren sommige medicijnen toch wel erg duur. Zeker voor iemand die postbode was geweest en maar een klein pensioen had. Inmiddels hadden ze al een leuke som geld buitgemaakt. En de grote klap moest nog vallen. Morgen.

Bertil nam een slok en dacht terug aan het moment dat het allemaal was begonnen. Twee jaar geleden waren zij tijdens een korte busvakantie in Spanje op de boulevard aangesproken door jonge mensen. Of ze een gratis kraslot wilden. Met de belofte van een grote prijs werden ze naar het luxe hotelcomplex gebracht. Het liep uit op een grote teleurstelling. Omdat zij in hun onwetendheid open spel speelden, werd het hun gastheer snel duidelijk dat zij niet erg rijk waren. Ze werden afgescheept met een fles goedkope wijn en teruggebracht naar de boulevard. De jonge mensen bleken voor een timeshare-organisatie te werken. Tot dan hadden ze niet eens geweten dat timesharing bestond. Laat staan wat het inhield.

Die avond sprak Carla weinig. Ze was in zichzelf

gekeerd, alsof ze op iets aan het broeden was. Omdat ze de volgende morgen weer de oude was, stelde hij er verder geen vragen over. Ze stapten op de bus naar Nederland en daarmee leek de kous af.

Thuis dook Carla meteen achter de computer. Vanuit zijn stoel ving hij af en toe een glimp op van de internetsites die allemaal te maken hadden met timesharing. Een paar weken later drong Carla aan op nog een korte busvakantie naar Spanje. Ze wilde naar Benidorm, aan de Costa Blanca. En dit keer met een plan.

Ze waren gegaan en werden inderdaad weer op een boulevard aangesproken. Nu 'wonnen' ze ook een prijs en werden naar een resort gebracht. In tegenstelling tot de vorige keer, loog Bertil in opdracht van Carla over zijn beroep. In plaats van een gepensioneerde postbode was hij een makelaar in ruste. Het was opmerkelijk hoe vriendelijk hun gastheer bleef. De man rook overduidelijk geld en deed zijn uiterste best om het hun constant naar de zin te maken. Geheel volgens plan, kapte Carla af op het moment dat er getekend moest worden. Omdat ze vol hield dat ze er eerst nog een nachtje over wilde slapen, liet de verkoper hen uiteindelijk gaan. Hij was hier niet blij mee.

Carla wist genoeg. Weer in Nederland legde ze het plan tot in de details aan hem uit. In eerste instantie was hij wat huiverig, maar toen ze al zijn bezwaren wist te weerleggen was hij overtuigd.

Bertil dronk zijn glas leeg. Carla had gelijk gekregen, wist hij nu zeker. De mensen van de timeshare-organisatie waren zó happig om te verkopen, dat ze zich om de tuin lieten leiden. Zij hadden mooie praatjes om onwetende vakantiegangers dure vakanties aan te smeren, maar konden ook net zo makkelijk zelf voor de gek gehouden worden, merkte Bertil. Ze hadden niet doorgehad dat hij en Carla valse informatie gebruikten om de geldprijs mee te krijgen. En op het moment dat ze hun paspoort moesten laten zien, waren ze ervandoor gegaan.

Hij zette het glas neer en liep naar binnen. Het leven was mooi, dacht hij.

5

Ibrahim zat voorovergebogen in een fauteuil die recht tegenover het bureau van Sarah Saunders stond. Zijn ellebogen steunden op zijn knieën. Zijn gezicht lag begraven in zijn handen. De ogen waren gesloten. Hij zuchtte.

De stilte in de kamer was beklemmend. Alleen het zoemen van de airco was te horen. 'Ongelofelijk,' mompelde Ibrahim verslagen. Hij deed zijn ogen open, maar durfde Sarah nog niet aan te kijken. 'Het is gewoonweg onvoorstelbaar dat ik er op zo'n kinderlijke wijze ben ingetuind.'

Nu zuchtte Sarah ook diep. Haar mond was een streep. Haar kaakspieren aangespannen. Ze was woedend.

'Datzelfde geldt voor mij,' zei ze kortaf. 'En ik ben toch al heel wat jaartjes actief in deze business.'

Ze tikte fel met haar nagels op het bureaublad.

'Vertel me nog een keer hoe het in Residence Excelsior is verlopen. Vanaf het moment dat "mevrouw Van Loon" opstond om die juweliersfamilie te halen. Wat daarvoor gebeurde geloof ik wel.'

Ibrahim knikte.

'Nou, ik eh...'

'Concentreer je,' onderbrak ze hem meteen. 'Het gaat om details. We zitten nu op een dood spoor. Misschien schiet je iets te binnen waar we alsnog verder mee komen.'

Ibrahim probeerde het moment zich zo helder mogelijk te herinneren. Hij haalde diep adem en begon rustiger te spreken.

'Na een minuut of tien wachten, stond ik op. Ik vond het vreemd dat het allemaal zo lang duurde. Karin die maar niet met die familie terugkwam en Robert die wel erg lang op de plee zat. Ik besloot poolshoogte te gaan nemen. Eerst liep ik naar het terras waar Karin was verdwenen. Toen dat niets opleverde, nam ik de lift naar de tweede verdieping. Eenmaal bij kamer 222 aangekomen, klopte ik op de deur. Ik moest toch wat?'

Hij keek Sarah vragend aan.

'Ik neem aan dat je toen iets van argwaan kreeg?

Ibrahim maakte een vaag gebaar met zijn hoofd. Alsof hij niet wist of hij ja of nee moest antwoorden.

'Ik weet het niet. Daarover voel ik me nu ook zo lullig. Op dat moment begon ik wel een vermoeden te krijgen dat er iets niet klopte. Ik kon alleen niet geloven dat ze me echt hadden laten zitten.'

'Ga verder,' spoorde ze hem aan.

'In een opwelling liep ik naar de receptie. Ik bedacht dat het verstandiger was om eerst met Juan te praten voordat ik jou ging bellen.'

Ibrahim boog iets naar voren. Zijn blik bleef strak gericht op een schilderij dat aan de muur hing.

'Ik vroeg hem of hij soms enig idee had waar Robert en Karin van Loon uithingen. Hij keek me niet begrijpend aan en antwoordde dat je hem dezelfde vraag ongeveer een uur daarvoor had gesteld.'

'En toen viel bij jou het kwartje.'

'Nee, dat kwam pas toen ik verder doorvroeg en het duidelijk werd dat het tweetal met wie ik was binnengekomen niet het echtpaar Van Loon was.'

Sarah klikte ontstemd met haar tong.

'En dat kon Juan niet zelf bedenken? Ik bedoel, hij had daarvoor nog een telefoontje van mij gehad. Ging er geen lichtje bij hem branden toen hij jou zag binnenkomen met twee volslagen onbekenden in plaats van de familie Van Loon?'

Ibrahim haalde zijn schouders op.

'Dat heb ik hem ook gevraagd en zijn antwoord

klonk best logisch. Op het moment dat ik binnenkwam, was hij bezig met klanten van het hotel. Hij dacht dat ik nieuwe mensen had uitgenodigd voor een drankje in Residence Excelsior en hen probeerde te interesseren voor een rondleiding in Golden Oasis. Hij legde de link niet tussen het echtpaar en jouw eerdere telefoontje over de familie Van Loon.'

Sarah knikte. 'Daar zit wat in.'

Ze maakte een snelle aantekening op een papiertje. 'Hij krijgt gewoon die vijftig euro. Het is onze fout, niet die van hem.'

Ibrahims blik gleed van het schilderij naar de ramen. Hij begon nu zelf ook weer kwaad te worden.

'Die oudjes hebben ons flink te pakken,' zei hij nu luider. 'De bedrieger bedrogen.'

Sarah stond langzaam op. In haar ogen lag een dreigende blik die zich in de ogen van haar ondergeschikte boorde.

'Zeg dat nooit meer, Ibrahim. Onze verkoopmethodes mogen dan twijfelachtig zijn, wij zijn geen dieven. De mensen krijgen hier precies wat ze kopen. Dat is een groot verschil met wat dit stel ons nu heeft aangedaan. En als je er zo over blijft denken weet ik niet of je hier wel op de juiste plek bent.'

Zonder zijn reactie af te wachten, draaide ze

zich om en liep naar het raam. Met half toegeknepen ooglden keek ze naar buiten. Ibrahim schrok. Bedoelde ze dat hij ontslagen kon worden? Sarah onderbrak zijn gedachte.

'Dit zijn oplichters. Mensen met ervaring en met een uiterst secure werkwijze. Ze bereiden hun diefstal tot in detail voor.'

Ibrahim merkte dat ze meer tegen zichzelf sprak dan tegen hem. Ze leek een plan te bedenken.

'Gezien de professionele aanpak, kunnen wij ervan uitgaan dat dit niet hun eerste klus is. Dat houdt dus in dat ze een historie op dit gebied hebben. Dus moeten ze ergens aanwijzingen of bewijsmateriaal achter hebben gelaten. Niemand is onfeilbaar. Ieder mens laat wel eens een steekje vallen. En dat is nu precies wat wij moeten gaan uitzoeken. Wat jij moet gaan uitzoeken. '

Ze draaide zich om. 'Je kunt gaan, Ibrahim. Laat het me meteen weten als je iets vindt. Ik zal mijn netwerk van andere timeshare-managers inschakelen.'

Ibrahim knikte en liep naar de deur. Toen hij deze achter zich sloot, slaakte hij een zucht van verlichting. Dat had niet eens zoveel te maken met de gekregen kans om zijn fout recht te zetten. Hij was vooral opgelucht omdat hij bij Sarah uit de buurt was. Ze was kalm gebleven maar hij had gezien dat ze zich had ingehouden. En dat ze vastbesloten was het echtpaar te vinden. Met zijn hulp. Maar waar moest hij beginnen?

6

'Hierover mag ik niet beslissen, meneer Groothuis,' zei Guido Terpstra. Hij glimlachte verontschuldigend. 'Dit moet ik echt met mijn directeur overleggen.'

Bertil Doorakker deed zich nu voor als Hans Groothuis en knikte vaderlijk.

'Dat begrijp ik, Guido.' Hij haalde zijn schouders op. 'Toch is het vrij simpel. Als jullie gewoon doen wat de mensen op de boulevard ons hebben beloofd, is er niets aan de hand. Vijfentwintigduizend euro cash bij het tekenen van een contract.' Door de zonnebril die hij op had, leek het alsof hij Guido nog doordringender aankeek. Hij draaide zijn hoofd weg van Guido en keek naar de Middellandse zee. Zelfverzekerd, ontspannen. Hij kreeg die houding steeds beter onder de knie.

Guido stond op. 'Ik werk hier al drie jaar, meneer Groothuis en ik kan u verzekeren dat het management van Tropical Beach resort altijd haar afspraken nakomt. Nogmaals, dit valt buiten mijn beslissingsbevoegdheid. Daarom ga ik het direct aan mijn directeur voorleggen.'

Carla Doorakker die vandaag door het leven ging als Ans Groothuis, lachte hem op moederlijke wijze toe.

'Doe nou maar rustig aan, jongen.' Ze boog naar voren en pakte zijn hand even vast.

'Mijn man vindt het hier prachtig. Hij tekent heus wel.'

'Hans' zuchtte theatraal.

'Ik wil best voor die drie weken tekenen, Ans,' zei hij sussend. 'Maar wel op de vooraf gestelde voorwaarden. Anders gaat de deal niet door.'

Carla keek hem even aan en keek vervolgens naar Guido Terpstra. Ze maakte een weids gebaar met haar handen en glimlachte meisjesachtig.

'Eigenlijk heeft hij wel gelijk. Een deal is tenslotte een deal, nietwaar?' Haar hand gleed over zijn bovenarm. 'Wat kun je soms een brombeer zijn.'

'Maar wel een eerlijke brombeer,' voegde hij er glimlachend aan toe.

Guido knikte hen snel toe.

'Ik ga nu met mijn directeur praten,' zei hij. 'Als u nog wat champagne wilt, hoeft u enkel de ober te wenken.'

'Doen we,' antwoordde Bertil. Het klonk van-

zelfsprekend. Zoals een echte rijke bouwondernemer die Hans Groothuis heette ook zou doen.

7

Bertil wenkte de ober. Ze moesten het ervan nemen bij deze laatste klus. En bouwondernemer Hans zou het ook vast gedaan hebben.

Dit was de vierde maal dat ze hun truc uithaalden en het spelen van een rol ging hem steeds beter af. De eerste keer aan de Costa Brava en het daaropvolgende optreden aan de Costa Blanca had hij stijf van de zenuwen gestaan. Blijkbaar was hij overtuigend genoeg overgekomen; in beide gevallen was hun opdracht geslaagd. In totaal hadden ze twintigduizend euro te pakken gekregen.

En nu op Mallorca was het nog beter gegaan. Hij zat lekker in zijn rol en voelde zich gisteren ook echt Robert van Loon. Dat kwam vooral door Carla. Zij was de grote drijfveer achter dit hele project. Zij had het allemaal bedacht en uitgewerkt. Ondertussen begeleidde ze hem in zijn rollenspel. Ze wist precies wat ze wilde en hoe dit moest gebeuren.

Toeslaan bij Tropical Beach resort was hun grootste en voorlopig laatste project. Carla vond dat ze daarmee vooruit konden. Bovendien moesten ze voorzichtig zijn. Als ze te veel wilden en te lang doorgingen, konden ze gepakt worden. Ze namen dan ook een risico door op Mallorca te blijven. Gelukkig zaten ze nu aan de andere kant van het eiland. Waarschijnlijk zouden ze bij Golden Oasis niet zo snel kunnen uitzoeken wie zij echt waren. Hun aanpak zou in Tropical Beach resort niet anders zijn dan de vorige keren. De manier waarop timeshare-organisaties mensen probeerden binnen te halen was overal in Zuid-Europa hetzelfde. Daarom konden Bertil en Carla steeds op dezelfde manier reageren en hetzelfde toneelstukje opvoeren.

Toen ze na de rondleiding op het terras gingen zitten en het moment van de waarheid aanbrak, kwam de aap uit de mouw. Het was precies zoals Carla al had voorspeld. Om met vijfentwintigduizend euro in contanten het resort te verlaten, moesten ze scherp blijven. Guido stelde dat dit bedrag in principe van het totale aankoopbedrag werd afgetrokken. Een truc die alle timeshare-organisaties gebruikten. Hij voegde eraan toe dat de bonus alleen gold voor klanten die minstens vier weken in de rode weken, het hoogseizoen, kochten.

Carla en Bertil hadden vaak geoefend hoe hij hierop moest reageren. Eerst deed hij verontwaardigd over zoveel onrecht. Op de boulevard was duidelijk gesteld dat zij dé hoofdprijs hadden gewonnen. Guido bleef begripvol en koel. Hij kon hun reactie begrijpen, maar had ook met zijn werkgever te maken.

Carla viel haar man dan op het juiste moment bij. Ze speelde altijd de huisvrouw die alles gezellig wilde houden. Ondertussen kon ze de situatie wel manipuleren. Ze kalmeerde haar echtgenoot. Daarna kwam zij met een oplossing die niet voor de hand lag. Ze stelde dan voor om in plaats van twee weken, voor vier weken in de rode periode te tekenen. Dan was uiteindelijk iedereen tevreden. 'Wat kan jou dat geld nou schelen, Hans' (of Robert, of Kees, of wie hij dan ook speelde). 'We hebben toch genoeg.' Dit werkte altijd. Ook bij Guido. Carla haalde haar schouders op om aan te geven dat er verder niet moeilijk gedaan moest worden. Ze liet de mannen verder discussiëren. Terwijl ze zogenaamd van de omgeving genoot, luisterde ze aandachtig naar elk woord. Ze probeerde zo onopvallend mogelijk Guido's lichaamstaal te bestuderen. Alles liep volgens verwachting. Guido's mobiele telefoon begon te trillen. Hij verontschuldigde zich. Snel zei hij dat hij de directeur zou halen om de deal rond te maken. Terwijl hij de telefoon opnam, liep hij weg. Bertil Doorakker zag de tevreden glimlach op het gezicht van zijn vrouw. Wat zijn deze mensen toch dom en doorzichtig, stond in haar ogen geschreven.

Het duurde een halfuur voordat Guido terugkeerde op het terras. Hij droeg een attachékoffertje en lachte hen toe. Dat beloofde veel goeds! Naast hem liep een slanke man met gitzwart haar. Zijn donkerblauwe pak zat hem als gegoten. Zijn glimlach was net zo perfect.

'Meneer en mevrouw Groothuis, ik wil u graag voorstellen aan de directeur Jorge Gonzalez,' sprak Guido gewichtig.

Ze schudden elkaars handen.

'Meneer Gonzalez spreekt Engels,' ging Guido verder. 'Spaans lukt ook, als u dat liever wilt.' Hij knipoogde.

Bertil en Carla lachten beleefd om dit grapje.

'Liever Nederlands,' antwoordde Bertil voorbereid. Hoewel ze een beetje Engels en Duits spraken, zouden ze dit nu niet doen. In een andere taal was een verspreking zó gemaakt. En fouten konden zij zich niet veroorloven.

'Wat u wilt, de klant is koning,' zei Guido joviaal. Jorge Gonzalez bleef hen vriendelijk aankijken. Waarschijnlijk begreep hij geen woord van wat er werd gezegd.

Guido legde het koffertje op de tafel. 'We hebben een deal,' zei hij. Hij opende het koffertje en haalde er een contract en een dikke enveloppe uit. Gonzalez wenkte een ober die al met een grote fles champagne klaar stond. Terwijl de ober de glazen volschonk, trok directeur Gonzalez de aandacht van zijn medewerkers die aan andere tafeltjes cliënten probeerden te werven. Na dit seintje stond iedereen op en schuifelde naar het tafeltje van Carla en Bertil.

Ineens voelde Bertil een steek in zijn borst. Onbewust had hij zich teveel opgewonden. Hij trok een pijnlijk gezicht. Zijn hand ging automatisch richting zijn borstzakje. Een waarschuwende blik van Carla zorgde ervoor dat zijn hand in de lucht bleef steken. Hij herinnerde zich meteen haar stelling dat timeshare-organisaties niet op mensen zaten te wachten die aan een levensbedreigende chronische aandoening leden. Hij glimlachte door de pijn heen naar Guido. Die keek hem zorgelijk aan.

'Ik heb me vanmorgen nogal hard gestoten,' verklaarde Bertil. Guido leek dit antwoord te accepteren.

Rond de Nederlandse kopers werd een kring gevormd.

'Deze mensen staan op het punt om vier weken

in de rode periode te kopen,' zei Guido vlot in het Nederlands, Duits en Engels. 'Zij zetten nu hun handtekening!' Deze mededeling werd door de menigte met gejuich ontvangen.

Camera's klikten toen Bertil tekende en daarna de enveloppe van Jorge Gonzalez in ontvangst nam. Wederom een hoogtepunt voor Tropical Beach resort, waar de tevredenheid van de klant voorop stond, benadrukte Guido. Zijn collega's knikten beamend. Dit was uitstekende reclame voor het resort, wisten ze. In stilte hoopten ze dat deze vertoning hun cliënten net dat beslissende zetje zou geven. Dan konden zij ook een flinke bonus in de wacht slepen.

Na ongeveer tien minuten nam directeur Gonzalez afscheid. Hij wenste het echtpaar veel plezier met hun nieuwe vakantiebestemming en vertrok naar zijn kantoor. Guido liep met Carla en Bertil mee naar de uitgang van het resort. Daar stapten ze gezamenlijk in een taxi. In hun hotel lagen hun paspoorten. Die moesten ze nog laten zien om de overeenkomst helemaal rond te maken. Voor Guido was het een kleine moeite om hiervoor even mee te gaan. Voor Bertil en Carla was dit moment de laatste stap naar een rijker bestaan. Ze moesten gewoon volgens plan verdwijnen...

8

Bertil trok een pijnlijk gezicht toen ze de lounge van hotel Coral Playa binnenliepen.

Guido Terpstra keek hem bezorgd aan.

'Weer die plek, meneer Groothuis?'

Carla maakte een sussend gebaar met haar hand.

'Dit is wat anders. Hans heeft hier wel eens last van.'

Bertil Doorakker alias Hans Groothuis knikte in de richting van de lift.

'Ik ga naar onze suite en kom terug met de paspoorten, oké?'

'Ik loop een stukje met u mee. Ik moet even naar de toilet.' Samen sloegen de mannen rechtsaf langs de balie naar de gang waar de liften en de toiletten waren.

Toen Guido terugkeerde, pakte Carla de jongeman zachtjes bij zijn bovenarm en leidde hem naar een fauteuil.

Nadat ze in de comfortabele stoelen hadden plaatsgenomen, boog zij licht voorover. Ze bracht haar gezicht vlak bij dat van Guido.

'Hij kan alleen maar in een vertrouwde omgeving naar het toilet,' sprak ze op samenzweerderige toon.

Guido knikte begrijpend. Uit zijn houding bleek dat hij dit geheim liever niet wist. Carla schakelde meteen over op een ander onderwerp.

'Wat wil je drinken?'

'Nou... eh... eigenlijk niets.'

'Doe niet zo flauw, joh,' antwoordde Carla met gespeelde strengheid. 'Op onze overeenkomst mag nog best wat worden gedronken, hoor.'

Guido begreep dat hij niet kon weigeren en koos een cola. Voordat hij de kans kreeg om overeind te komen, was Carla al opgestaan.

'Deze is voor onze rekening,' verduidelijkte ze. 'Jij hebt vandaag al genoeg rondjes gegeven.' Door rechtstreeks naar de bar te lopen, gaf ze hem geen kans te protesteren.

Even later kwam ze terug met een cola en een mineraalwater. Ze ging weer zitten, nam een slok en trok ineens haar wenkbrauwen op. Snel slikte ze het water door en knikte naar een echtpaar dat langs de balie liep.

'Daar lopen Fedor en Lieke Hilgersma.' Haar gezicht straalde. 'Zulke fijne mensen, wij gaan al jarenlang met ze om.'

Fijn voor jullie, dacht Guido, maar hij zei: 'O ja?'

'Ja! Zij hebben een keten van een paar honderd kledingwinkels. Je wilt me toch niet vertellen dat jij ze niet kent?'

Hij had geen idee of hij ze echt moest kennen, maar was wel meteen geïnteresseerd. 'Nee, ik geloof niet dat ik die naam eerder heb gehoord. Of hen hier eerder heb gezien.'

'Dan wordt het de hoogste tijd dat je ze leert kennen,' zei Carla beslist. 'Wie weet hoe enthousiast ze reageren als ik ze vertel over onze nieuwe aanschaf in Tropical Beach resort.' Ze gaf hem een teken dat hij vooral moest blijven zitten.

'Ik ga ze halen, ben zo terug.' Hierna liep ze snel achter het echtpaar aan dat zojuist in de gang naast de receptie was verdwenen. Toen uit het zicht van Guido was, kon ze eindelijk haar ware gezicht tonen. Ze genoot ervan. Weer zo'n sukkel die erin getrapt was. Gewoonweg onvoorstelbaar hoe goedgelovig mensen konden zijn! De buit was nu echt binnen. Terwijl ze de tuin inliep, kneep ze in haar handen. Ze liep naar het hek van de tuin. Daarachter lag de openbare weg. En hun vrijheid. Ze twijfelde er niet aan of Bertil zat al in een taxi op haar te wachten.

Ze trok het hek open, maar bleef na een paar

stappen verstijfd staan. De taxi bevond zich op de afgesproken plek. Bertil ook. Hij had zijn handen op zijn rug. Naast hem stonden twee agenten van de Guardia Civil. De twee collega's die haar stonden op te wachten, pakten haar bovenarmen stevig vast. Zonder een woord te zeggen begeleidden ze haar naar het groen met witte busje. Op het moment dat de achterdeuren openzwaaiden, drong het pas goed tot Carla door dat het spel uit was.

9

Bertil Doorakker zat op een stenen bankje. De politiecel was vijf meter lang, vier meter breed en drie meter hoog. Het was er bloedheet. Drukkend warm, omdat het er ook vochtig was. Door het raampje dat boven in de ruimte open stond, kwam nauwelijks frisse lucht naar binnen. Het was zwaarder dan hij dacht.

Na de arrestatie waren ze naar het politiebureau afgevoerd. Daar werd hun in het Engels verteld dat ze verdacht werden van oplichting en diefstal. Tenminste, dat was wat Bertil eruit begreep. Tenslotte was zijn Engels niet zo goed. Ze werden uit elkaar gehaald en apart naar een cel gebracht. Carla zat twee cellen verderop. Ze zouden met elkaar kunnen praten, maar hij hield zijn mond. Hij had geen enkele behoefte aan een gesprek met zijn vrouw. Van haar kwam ook geen geluid. Ze had hem alleen maar kwaad aangekeken. Alsof het allemaal zijn schuld was.

Bertil sloot zijn ogen. Even hapte hij naar adem. Zijn hart leek dichtgetrokken te worden door touwen. Weer die kramp! Zijn hand schoot naar zijn borstkas. Geen pillen! Die waren hem afgepakt. Hij had alle persoonlijke spullen moeten inleveren. Adrenaline gierde door zijn aderen. Rustig blijven ademhalen. Hij moest de aandacht zien te trekken, zodat ze hem een pil konden geven. Anders zou hij hier misschien nooit meer uitkomen.

Carla staarde in haar eigen cel recht voor zich uit. Ze was woedend op haar man. Hun arrestatie en uitzichtloze positie waren te wijten aan zijn dommigheid. Als hij haar instructies had uitgevoerd, was dit nooit gebeurd.

Niets kon ze aan die man overlaten! Alles moest ze zelf doen! Zelfs het op een veilige afstand verkennen van de vluchtweg was voor hem nog teveel gevraagd. Als hij vanuit de tuin van 'Coral Playa' eerst de weg had afgespeurd, was het nooit tot een arrestatie gekomen. Dan hadden ze elkaar ergens onderweg wel ontmoet. En dan had zij met een ingeving de zaak nog kunnen redden. Het was allemaal zijn schuld!

Van hun oplichtingpraktijken had ze geen spijt. De concerns die ze 'beroofd' hadden, waren rijk genoeg. Voor deze bedrijven stelde vijfduizend euro niets voor. Terwijl het voor hen een beter, luxer leven betekende. Ze voelde zich eerder Robin Hood, dan een ordinaire dief.

Na de eerste keer was ze nog een beetje verbaasd geweest dat het was gelukt. Al snel merkte ze dat het allemaal, bij iedereen, om hebzucht draaide. Daar worden mensen blind van. Waren Bertil en zij ook blind geworden? Nee. Zij was in elk geval tot het einde scherp gebleven.

Terwijl de tijd verstreek, zakte haar boosheid. Langzaam maar zeker drong de realiteit van de situatie tot haar door. Ze was drieënzestig jaar oud en zat in een Spaanse cel op verdenking van oplichting en diefstal. Enkele meters bij haar vandaan zat haar man die zij, een beetje tegen zijn wil in, in dit avontuur had meegesleurd. Hij was hartpatiënt. Zonder zijn medicijnen zou hij dood kunnen gaan. Maar daarom was dit avontuur ook begonnen. Ziek zijn en een klein pensioen hebben, dat was geen gelukkige combinatie. Ziek zijn. Pillen. Dood gaan...

O god! Wat heb ik gedaan? Hij moet zich vreselijk beroerd voelen. Als hij zich maar niet te druk maakt. Natuurlijk maakt hij zich druk. Hij zit in een cel! Zijn pillen. Ze hebben zijn pillen afgepakt!

10

De politieofficier legde de hoorn op de haak en keek Ibrahim Bousaba streng aan.

'Het is jouw geluksdag,' bromde hij tegen de jonge Marokkaan die zich totaal niet op zijn gemak voelde.

'Op jullie verzoek laat de aanklager de zaak rusten,' ging de man verder. 'Zonder aangifte wordt het voor hem een lastige bedoening.'

Ibrahim knikte gehaast. Hij was opgelucht. En woedend. Dat liet hij maar niet merken.

'Ik wil u en alle medewerkers van Justitie namens mijzelf en mijn superieuren bedanken voor de medewerking.'

De politieman trok een verveeld gezicht. 'Is goed, maar laat het wel de eerste en de laatste keer zijn dat jullie zo'n stunt uithalen. Eerst wel en dan weer niet aangifte willen doen.'

'Natuurlijk,' reageerde Ibrahim meteen. Het enige wat hij wilde was zijn zaken afhandelen en daarna snel weg van dit politiebureau. Door een onbegrijpelijke beslissing had het timeshare-management hem in deze lastige situatie gebracht. Hij was naar het politiebureau gestuurd om het af te handelen. En nu was er niet echt iets af te handelen. Ze lieten het er gewoon bij zitten! Hij had eerst alles op alles moeten zetten om het echtpaar te vinden. Dankzij zijn goede contacten op het eiland was dat na een dag gelukt. Nou ja, hij had het natuurlijk niet helemaal alleen gedaan. Maar hij had zich over zijn bijdrage best goed gevoeld. Misschien was hij wel geschikt om bij de politie te werken... Nu dacht hij daar anders over. Hij zat hier al anderhalf uur te wachten en er leek maar niets te gebeuren. Totdat Sarah naar de politie had gebeld. Ze had in overleg met alle directieleden van de andere timeshareorganisaties besloten dat het beter was als alles stil werd gehouden.

Sarah was eerst vastbesloten geweest om het echtpaar te laten boeten. Ze had meteen een onderzoek geregeld. Bij alle resorts was een waarschuwing en een persoonsbeschrijving van het echtpaar afgegeven. Toen zij in Tropical Beach resort opdoken, was directeur Gonzalez meteen gealarmeerd. Hij en Guido Terpstra hadden het spel uitstekend gespeeld. De oplichters hadden geen flauw idee gehad dat ze nu zelf in de val trapten. Daarna had Sarah lang in vergadering gezeten met alle directies van de andere timeshare-organisaties. Guido had daar ook bijgezeten. Uiteindelijk was hij het die hen sterk afraadde om er een rechtszaak van te maken. Bij het grote publiek had het timeshare-principe nog niet zo'n goede naam. Dit incident zou in hun nadeel werken. Het publiek, de massa, koos bijna altijd voor de *underdog*; de zwakkere burgers tegen de sterke bedrijven. De pers zou een geweldig verhaal hebben: twee oudere mensen die de gehaaide toeristische bedrijven hadden opgelicht. Het moest dus eerst stilletjes, zonder zware straffen geregeld worden. Ze zouden het echtpaar nu zelf een deal voor kunnen stellen. Meewerken aan goede promotie voor de timeshare-organisaties of alsnog een straf uitzitten. Dat zou pas een goede stunt zijn. Sarah en de overige managers hadden in dit plan wel wat gezien.

Wat zit ik hier dan te doen? Ibrahim had het echtpaar nog best willen zien. Onbegrijpelijk dat hij hun toneelstukje had geloofd. Maar goed. Hij was niet de enige. Sarah had met zijn informatie nog meer verhalen van collega's naar boven weten te halen. Het gestolen geld was door hen in de administratie verwerkt als gewone onkosten. Zo bleef het onzichtbaar. Ze konden niet hebben dat er negatief nieuws in de kranten kwam. *Shit happens, you know*.

Binnen was Carla nog een beetje verdoofd geweest. Ze had zich zo druk gemaakt. Gelukkig had Bertil zijn pillen gekregen, toen ze uit de cellen werden gelaten. Ze waren vrij! Verbaasd had ze Bertil aangekeken. Die was ook opgelucht, maar leek veel rustiger dan zij.

Nu stonden ze buiten voor het hotel. Ze waren net uit de taxi gestapt. Carla kon niet wachten tot ze haar man kon vragen wat er nou eigenlijk allemaal gebeurd was. Hoe het zover had kunnen komen. 'Waarom...,' begon ze, maar Bertil onderbrak haar en nam haar bij de arm: 'Kom schat. Eerst naar binnen. Ik moet even liggen. Al die toestanden. Dat is niet goed voor het hart.'

Hoewel Carla gewend was de leiding te nemen, liet ze zich nu meetronen door haar man. Op hun kamer aangekomen, probeerde ze het weer. 'Zeg, wat is er nu eigenlijk gebeurd? Hebben ze ons echt vrijgelaten of is het een truc? Ik kan het niet geloven. Wat een oelewappers. En waarom keek je niet uit bij...' Haar tirade werd onderbroken door geklop op de deur. Bertil stak waarschuwend zijn vinger op. Rustig liep hij naar de deur. Voordat hij open deed, keek hij nog even achterom naar zijn vrouw en lachte naar haar. Ze vond dat hij maar raar deed. Wist hij iets wat zij niet wist?

In de deuropening stond Guido. 'Dag meneer Doorakker, of moet ik zeggen, Groothuis?' Beide mannen begonnen te lachen. Bertil liet Guido binnen. 'Goed,' zei Guido. 'Eind goed, al goed. Dat wil zeggen als ik nu mijn aandeel van jullie mooie potje vakantiegeld krijg.' Carla keek hem niet begrijpend aan. 'O, ik zie dat uw man het nog niet verteld heeft? Ik heb geholpen om uw arrestatie te regelen en u weer vrij te krijgen. U zou beiden toch een keer gepakt worden. Dit leek ons, uw man en ik, wel een elegante oplossing om dat gevaar voor te blijven. Zo konden we de situatie ook beter controleren. Het was natuurlijk niet zonder risico, maar dat geeft je weer het gevoel dat je leeft. Nietwaar?' Carla wist niet of ze nu ongelooflijk kwaad moest worden of moest lachen. Bertil stapte op haar af en omhelsde haar. 'Niet boos zijn, schatje. De volgende keer doen we het weer op jouw manier.'

Verantwoording

Suzanne Vermeer schreef het verhaal *Vakantiegeld* speciaal voor de reeks Literaire Juweeltjes